Inhalt

Globale ökonomische Konsequenzen der Terrorbedrohung

Kernthesen

Beitrag

Fallbeispiele

Weiterführende Literatur

Impressum

Globale ökonomische Konsequenzen der Terrorbedrohung

F.Muretta

Kernthesen

- Das Konsumentenvertrauen ist durch die Terrorbedrohung weltweit stark geschwächt, das Sicherheitsbedürfnis der Konsumenten immens gestiegen. (1), (13)
- Fluggesellschaften und Versicherungen sehen sich nach dem 11. September 2001 grundlegend veränderten Rahmenbedingungen hinsichtlich Faktoren wie Risiko und Unsicherheit gegenüber. (1), (3), (13)
- Die Terroranschläge belasten den internationalen Handel durch eine

sicherheitsbedingte Zunahme der Transaktionskosten i. H. v. 1 bis 3 Prozent des Warenwertes. (1), (13)

Beitrag

Die Terroranschläge vom 11. September 2001 haben die Welt verändert. Neben den fast 3.000 Todesopfern, die es zu beklagen gibt und den potentiellen Folgen auf politischer und militärischer Ebene, besitzt dieses Ereignis auch eine ökonomische Dimension. (1)

Während der direkte gesamtwirtschaftliche Schaden von einer Volkswirtschaft mit der Größe der USA relativ leicht bewältigt werden kann, besteht eine weitaus größere Gefahr in der Schädigung der Weltwirtschaft durch die indirekten ökonomischen Effekte der Terroranschläge. Besonders betroffen sind Fluggesellschaften, Versicherungen und der internationale Handel. (12), (13)

Direkter Schaden

Für die Mieter und Eigentümer der betroffenen Gebäude und die zuständigen Versicherungen war der direkte Schaden gewaltig. Der Sachschaden beläuft sich auf ca. 0,1 Prozent des nationalen Vermögens der USA. Die Anschläge verursachten daneben Produktionsverluste, die einzelne Branchen, wie z. B. Fluggesellschaften, das Hotel- und Gaststättengewerbe und die Unterhaltungsindustrie besonders hart trafen. Das Verkehrsministerium untersagte temporär den kommerziellen Flugverkehr, an der amerikanischen Börse wurde der Handel ausgesetzt. Dem Institut für Weltwirtschaft in Kiel zufolge verlor die Gesamtwirtschaft im Durchschnitt 0,4 Arbeitstage. Eine hohe Zahl an Stellenstreichungen wurde nach den Anschlägen angekündigt und teilweise auch realisiert. Allein in New York gingen mehr als 80.000 Arbeitsplätze verloren. (4), (12), (13)

Die Anschläge verursachten starke Einbrüche der Aktienkurse. Durch die schnelle Reaktion der US-amerikanischen Notenbank und vermutlich auch aufgrund der nach dem 11. September 2001 aufkommenden patriotischen Welle konnten sich die Aktienkurse - verglichen mit anderen einschneidenden Ereignissen wie der Weltwirtschaftskrise von 1929, der Ermordung von JFK oder dem Golfkrieg 1990 - relativ rasch wieder auf einem angemessenen Niveau fangen. Somit dürften die durch den Sturz der Börsenkurse verursachten realwirtschaftlichen Auswirkungen begrenzt sein. (1), (12)

Indirekte Effekte

Versicherungen, Fluggesellschaften und der internationale Handel sind nach den Terroranschlägen mit nachhaltig veränderten Bedingungen konfrontiert. (13)

Internationaler Handel

Nach den Anschlägen haben Unternehmen und Regierungen auf der ganzen Welt ihre Sicherheitsmaßnahmen merklich verstärkt. Dies äußert sich beispielsweise in den strengeren Kontrollen bei der Einfuhr von Gütern oder bei der Einreise von Personen in die USA. (1), (13)

Verschärfte Sicherheitsmaßnahmen führen zu steigenden Transaktionskosten im internationalen Handel. Die Kosten für erhöhte Sicherheit bei der Abwicklung und Versicherung von Geschäften sowie beim Zoll und Transport belaufen sich Schätzungen der OECD zufolge auf ca. 1 bis 3 Prozent des Handelswertes. Gleichzeitig reduzieren höhere Transaktionskosten den Umfang des internationalen

Handels. Erhöhen sich beispielsweise die Transportkosten um 1 Prozent, schrumpft der internationale Warenhandel um 3 Prozent. Eine Verzögerung bei den Grenzkontrollen um einen Tag kostet ca. 0,5 Prozent des Warenwertes. (13)

Durch die Erhöhung der Transaktionskosten sind vor allem Schwellenländern mit langen Transportwegen und Güter mit geringem Wert-Gewicht-Verhältnis betroffen, z. B. Agrarprodukte, Textilien und Maschinen. (1), (13)

Zur Kompensation dieser negativen Effekte müssen Wachstumsimpulse auf globaler Ebene angeregt werden, nicht zuletzt auch der Abbau von internationalen Handelsbarrieren gemäß den WTO-Vereinbarungen. (13)

Versicherungen

Die Attentate vom 11. September 2001 können als größte singuläre Versicherungsfälle der Geschichte bezeichnet werden. Da keine Versicherung bisher mit Schäden in solchen Dimensionen zu tun hatte, mussten die Berechnungsgrundlagen für Prämien und Policen an die neue Bedrohungslage, die von zunehmender Unsicherheit und Risiko gekennzeichnet ist, angepasst werden. Infolgedessen wurde die Deckung von durch Terrorismus entstandenen Schäden in vielen Versicherungsverträgen eingeschränkt, ganz ausgeschlossen oder an eine gravierende Erhöhung der Versicherungsprämie gekoppelt. Als weitere Folge können besonders hohe Schadensklassen privatwirtschaftlich nun nicht mehr versichert werden. Als letzte Instanz muss folglich der Staat einspringen. (1), (3), (13)

Flugverkehr

Die Anschläge des 11. September 2001 verursachten einen weltweiten Nachfrageschock im Flugverkehr. Die wirtschaftliche Lage der Luftfahrt- und Tourismusbranche hat sich seitdem deutlich verschlechtert. Die Zahl der Passagiere ist in den USA um 11,2 Prozent niedriger als im letzten Jahr. (3)

Neben Umsatzeinbußen und höheren Versicherungsprämien sehen sich die Fluggesellschaften auch drastisch gestiegenen Kosten zur Verbesserung der Sicherheit gegenüber. So müssen neue Apparate angeschafft, neues Personal angestellt und zusätzliche Informationen verarbeitet werden. Ferner kann es zu zeitlichen Verzögerungen von Prozessen - beispielsweise durch intensivere Sicherheitskontrollen beim Einchecken von Flugpassagieren - kommen. Somit bedeutet mehr Sicherheit für die betroffenen Unternehmen auch einen Verlust an Produktivität. (12), (13)

Fast alle Fluggesellschaften haben seit den Anschlägen mit einem Kursverfall ihrer Aktien zu kämpfen. Vor den Anschlägen wurden deren Aktien als Anlagen mit geringem Risiko eingestuft. Mittlerweile hat sich ihr Marktrisiko mehr als verdoppelt. (13)

Konsumentenvertrauen

Zu den womöglich schwerwiegendsten indirekten Folgen der Anschläge gehört ein Rückgang des bereits angeschlagenen Konsumentenvertrauens in den USA und Europa. Die Anthrax-Fälle in den USA haben die Angst vor weiteren Terrorakten geschürt. Die Ungewissheit über weitere politische und militärische Konsequenzen erschüttert die Verbraucher nachhaltig. Es sind wenig Erfolge im Kampf gegen den Terror erkennbar. Im Gegenteil, der Terroranschlag auf Bali und die Kriegspläne der USA gegen den Irak machen keine Hoffnung auf eine rasche Lösung der Probleme. (2), (3), (13)

Fallbeispiele

Erste Insolvenz

Aufgrund der Terroranschläge vom 11. September 2001 und der sich bereits davor anbahnenden Krise in der Luftfahrtbranche musste die siebtgrößte amerikanische Luftfahrtgesellschaft US Airways Konkurs anmelden. Begründet wurde die Insolvenz hauptsächlich mit den Verlusten, die die Fluggesellschaft durch eine längere Sperrung ihres Hauptstützpunktes, des Reagan Flughafens in Washington, erlitt. Vorläufig kann die Airline noch weiterfliegen, da sie einen Antrag auf Gläubigerschutz gestellt hat. Den Lufthansa-Partner United Airlines könnte als zweitgrößte US-amerikanische Fluggesellschaft das gleiche Schicksal treffen. United Airlines bemüht sich um eine Staatsgarantie i.H.v. 1,8 Milliarden Euro. (1), (3), (11)

Deutsche Tourismusbranche

Die deutsche Tourismusbranche befindet sich angesichts der Terroranschläge in den USA, dem Anschlag auf die Synagoge in Djerba und des Attentats auf Bali in einer Krise. Es wird mit einem Umsatzrückgang von rund 9 Prozent in diesem Jahr ausgegangen. Ungefähr 700 Reisebüros und Reiseveranstalter sind während des letzten Jahres bereits vom Markt verschwunden. (8)

Pakistan profitiert

Durch seine geographische Nähe zu Afghanistan entwickelte sich Pakistan nach den Terroranschlägen von 11. September 2001 zu einem wichtigen strategischen Verbündeten der USA. Als Nebeneffekt haben die Anschläge Pakistan eine Reihe wirtschaftlicher Vergünstigungen gebracht. Sanktionen wurden aufgehoben, Entwicklungsgelder erhöht und mit Weltbank und IWF wurde wieder über neue Kredite und die Umschichtung bestehender Schulden verhandelt. Pakistan hat seine Chance scheinbar genutzt. Die Inflation ist seitdem gesunken, der Außenhandel hat stark zugenommen, die Steuereinnahmen sind gestiegen und die Auslandsschuld konnte zum ersten Mal seit Jahren leicht gesenkt werden. (6)

Weiterführende Literatur

(1) Piper, Nikolaus, Ökonomie der Angst - Die direkte Wirkung auf die Terroranschläge für die Wirtschaft blieb begrenzt, aber die Unternehmen setzen zunehmend auf Sicherheit, Süddeutsche Zeitung, 11.09.2002, Ausgabe Deutschland, S. 9
aus FTD Financial Times Deutschland vom 06.08.2002, Seite 30

(2) Der erfolglose Kampf gegen den Terror belastet die amerikanische Wirtschaft
aus Frankfurter Allgemeine Zeitung, 11.09.2002, Nr. 211, S. 14

(3) Aber die Folgen des 11. September waren für die US-Wirtschaft weniger katastrophal als befürchtet
Der Terror hat die Rezession verstärkt
aus Die Welt, Jg. 52, 05.09.2002, Nr. 207, S. 10

(4) Freiheit in Gefahr
aus Frankfurter Allgemeine Zeitung, 11.09.2002, Nr.

211, S. 13

(5) Südostasien fürchtet das Nachbeben aus Bali
aus Frankfurter Allgemeine Zeitung, 15.10.2002, Nr.
239, S. 15

(6) Ein Gewinner im "Krieg gegen den Terror"
Erfolgreiche Kur des IMF für Pakistan
aus Neue Zürcher Zeitung, 13.09.2002, Nr. 212, S. 25

(7) Die Irak-Krise aus Pekings und Tokios Sicht
Grosse Abhängigkeiten bei geringem Einfluss
aus Neue Zürcher Zeitung, 13.09.2002, Nr. 212, S. 7

(8) Viele Agenturen bekommen Liquiditätsprobleme,
Süddeutsche Zeitung, 21.10.2002, Ausgabe
Deutschland, S. 22
aus Neue Zürcher Zeitung, 13.09.2002, Nr. 212, S. 7

(9) Kränzle, Karl, Der Terroranschlag auf Bali wirft
Indonesien zurück, Finanz und Wirtschaft, 16.10.2002,
S. 45
aus Neue Zürcher Zeitung, 13.09.2002, Nr. 212, S. 7

(10) Terrorangst erhöht globale Konjunkturrisiken
Chefökonomen beurteilen die weltwirtschaftliche
Lage ein Jahr nach den Anschlägen als labil "
Unmittelbare Produktionseinbußen rasch aufgeholt
aus FTD Financial Times Deutschland vom 11.09.2002,
Seite 18

(11) US Airways flog in den Konkurs Terror: Erste

Insolvenz einer US-Fluggesellschaft
aus WirtschaftsBlatt, 13.08.2002, Nr. 1684, S. A6

(12) Sachverständigenrat Wirtschaft, Jahresgutachten 2001/2002, S. 19
aus WirtschaftsBlatt, 13.08.2002, Nr. 1684, S. A6

(13) Deutsches Institut für Wirtschaftsforschung, Economic Bulletin, Oktober 2002
aus WirtschaftsBlatt, 13.08.2002, Nr. 1684, S. A6

Impressum

Globale ökonomische Konsequenzen der Terrorbedrohung

Bibliografische Information der deutschen Nationalbibliothek

Die Deutsche Nationalbibliothek verzeichnet diese Publikation in der deutschen Nationalbibliografie; detaillierte bibliografische Daten sind im Internet über http://dnb.d-nb.de abrufbar.

ISBN: 978-3-7379-1580-9

© 2015 GBI-Genios Deutsche Wirtschaftsdatenbank GmbH, Freischützstraße 96, 81927 München, www.genios.de

Alle Rechte vorbehalten. Dieses Werk ist einschließlich aller seiner Teile – z.B. Texte, Tabellen und Grafiken - urheberrechtlich geschützt. Jede Verwertung außerhalb der Grenzen des Urheberrechtsgesetzes bedarf der vorherigen Zustimmung des Verlags. Dies gilt insbesondere auch für auszugsweise Nachdrucke, fotomechanische

Vervielfältigungen (Fotokopie/Mikroskopie), Übersetzungen, Auswertungen durch Datenbanken oder ähnliche Einrichtungen und die Einspeicherung und Verarbeitung in elektronischen Systemen.